THE WEAPONS ENCYCLOPÆDIA

TANK AIRCRAFT AFV SHIP ARTILLERY VEHICLES SECRET WEAPON

SEMOVENTE 75-18 E 75-34

THE WEAPONS ENCYCLOPAEDIA

PUBLISHED BY

Luca Cristini Editore (Soldiershop), via Orio, 35/4 - 24050 Zanica (BG) ITALY.

DISTRIBUTION BY

Soldiershop - www.soldiershop.com, Amazon, Ingram Spark, Berliner Zinnfigurem (D), LaFeltrinelli, Mondadori, Libera Editorial (Spain), Google book (eBook), Kobo, (eBoook), Apple Book (eBook).

PUBLISHING'S NOTES

LICENSES COMMONS

CONTRIBUTORS OF THIS VOLUME & ACKNOWLEDGEMENTS

Ringraziamo i principali collaboratori di questo numero: I profili dei carri sono tutti dell'autore. Le colorazioni delle foto sono di Anna Cristini. Ringraziamenti particolari a istituzioni nazionali e/o private quali: Stato Maggiore dell'esercito, Archivio di Stato, Bundesarchiv, Nara, Library of Congress, Wikipedia, USAF, Signal magazine, Cronache di guerra, Fronte di guerra, IWM, Australian War Museum, ecc. A P.Crippa, A.Lopez, L.Manes, C.Cucut, archivi Tallillo. Model Victoria (www.modelvictoria.it) ecc. per avere messo a disposizione immagini o altro dei loro archivi.

For a complete list of Soldiershop titles, or for every information please contact us on our website: www.soldiershop.com or www. cristinieditore.com. E-mail: info@soldiershop.com. Keep up to date on Facebook & Twitter: https://www.facebook.com/soldiershop. publishing

Titolo: **SEMOVENTE ITALIANO 75/18 E 75/34** Code.: **TWE-003 IT**
Collana curata da L. S. Cristini
ISBN code: 978-88-9328812. Prima edizione settembre 2022
THE WEAPONS ENCYCLOPAEDIA (SOLDIERSHOP) trademark of Luca Cristini Editore

THE WEAPONS ENCYCLOPÆDIA

TANK AIRCRAFT AFV SHIP ARTILLERY VEHICLES SECRET WEAPON

SEMOVENTE ITALIANO 75/18 E 75/34

LUCA STEFANO CRISTINI

BOOK SERIES FOR MODELERS & COLLECTORS

INDICE

▼ Semoventi 75/18 M.41 sfilano per Via dei Fori Imperiali a Roma 1948-50 circa. Archivio di Stato.

INTRODUZIONE

Il semovente da 75/18 apparteneva alla famiglia dei caccia-carri italiani, studiati proprio per appoggiare i carri armati medi che, soli, non riuscivano a contrastare i mezzi avversari. I mezzi erano tutti basati sul telaio del carro medio nelle diverse varianti: M13/40, M14/41 e M15/42. La prima versione, quella più nota, era armata con un cannone Ansaldo da 75 mm L/18 posto in casamatta. Il 75/18 e la sua versione successiva, 75/34, durante la seconda guerra mondiale, furono in grado di combattere alla pari contro quasi tutti i mezzi corazzati avversari. A dimostrazione del buon prodotto, occorre ricordare che persino la Wehrmacht, solitamente poco tenera nei giudizi "non ufficiali" sui nostri mezzi, trovava invece assai ben fatto il semovente, tanto che dopo l'8 settembre fu il mezzo italiano che riutilizzò maggiormente. Come detto, la sua versatilità permise al *Regio Esercito* il suo utilizzo in vari campi, ma soprattutto nel supporto della fanteria, dei caccia-carri e al carro medio M40 e 41. In totale vennero prodotti un numero di veicoli che va da 225 a 360 nel totale delle varie versioni. Le motivazioni serie e corpose facevano riferimento alla necessità, per l'esercito italiano, di avere a disposizione mezzi corazzati in grado di contrastare quelli avversari, inglesi e russi.

LO SVILUPPO

La progettazione iniziò da parte della Ansaldo-Fossati a partire dal 1938, l'anno dopo il via al carro medio M40. Il progettista fu Giuseppe Rosini. All'inizio si pensò ad un cannone da 47mm, ma le esperienze militari fecero subito cambiare idea e la scelta cadde sul più potente obice 75/18 Mod. 1934, già noto come eccellente pezzo d'artiglieria. Si decise di sfruttare lo scafo dei carri medi M40, e poi i successivi M41 e M42. La scelta del calibro da 75 fu anche suggerita dalla buona esperienza fino allora fornita dai caccia-carri tedeschi forniti di un cannone simile. Il padre del progetto relativo all'arma fu Sergio Berlese, un Colonnello del *Servizio Tecnico d'Artiglieria* (STA), che operò in collaborazione con i tecnici Ansaldo. Già a metà del 1941, dopo aver assistito all'efficacia del mezzo in test comparativi, il semovente venne subito ordinato e messo in produzione. Ciononostante, i primi mezzi raggiunsero l'Africa del Nord solo nel 1942. Inoltre, nonostante i buoni risultati ottenuti, il mezzo non venne prodotto in numero sufficiente, per via di un'arcaica idea in seno allo Stato Maggiore che considerava pressoché inutile una "doppia"

▼ Carro semovente M40 con cannone da 75/18 nelle officine Ansaldo di Genova. Si tratta di uno dei primi esemplari prodotti dall'azienda ligure. Archivio di Stato.

artiglieria, sia pure meccanizzata. Quando si vide che il 75/18 era l'unico mezzo, o quasi, in grado di contrastare i mezzi avversari era ormai troppo tardi, con il rivoluzionamento delle catene di montaggio avvenuto solo nel 1943, quando per l'Italia le sorti erano ormai decise.

Come detto, il mezzo, al di là della parte relativa all'armamento e alla sua sistemazione in casamatta rigida, ereditava le medesime caratteristiche tecniche del mezzo genitore, il carro M.

L'equipaggio in questo caso si ridusse a tre uomini: l'autista, come nel carro M, si posizionava davanti, sul lato sinistro, con il caricatore dietro di lui; il comandante del carro sedeva sul lato destro e doveva occuparsi di mirare e far fuoco col cannone oltre a dare ordini all'equipaggio; infine, il caricatore fungeva anche da marconista/operatore radio.

■ ARMAMENTO DEL SEMOVENTE

L'armamento principale, come detto, era il cannone 75/18. Fu anche messo allo studio un semicingolato armato con il pezzo 75/34, rimasto tuttavia in fase di progettazione fino al 1942/43, quando anch'esso vide la luce. Il cannone era sistemato in zona centrale nella parte anteriore della casamatta e alloggiato su un supporto a sfera basculante, che consentiva all'arma una buona angolazione di movimento sia in senso verticale che orizzontale, supplendo almeno in parte alla mancanza di una torretta mobile. Il pezzo di artiglieria da 75/18 era abbastanza moderno e da tempo fornito all'esercito nella sua versione campale. Nel caso del semovente, venne dotato all'apice di un freno di bocca con piccoli fori di scoppio. Il magazzino fornito all'interno di ogni mezzo consisteva in 41 colpi. Questo cannone, pur dotato di bassa velocità iniziale, poteva sparare ad una distanza utile di 9 km nella versione da campagna e leggermente meno in quella da semovente. Messo all'opera, il 75/18 si rivelò presto un'arma assai efficace che raccolse fra le sue numerose vittime carri del calibro degli americani M3 Grants, M4 Sherman o l'inglese Mk Vlll Cromwell.

▲ L'obice da 75/18 mod. 35, qui raffigurato nella versione da artiglieria, era un pezzo davvero valido e moderno. Museo di Samur (Francia).

▲ Diversi particolari del semovente 75/18 M14/41 esposto alla fiera di Militaria di Novegro. A sinistra si vedono la culatta, i posti del pilota e l'interessante forma della "cartucciera" posta al di sotto del cannone; sulla destra i serbatoi della lubrificazione e organi di controllo del semovente. Foto dell'autore.

▲ Altri particolari del semovente 75/18 M14/41 esposto alla fiera di Militaria di Novegro (MI) del 2022. A sinistra si vede l'apparato radio e un elmo da carrista, sulla destra il posto di guida del pilota. Foto dell'autore.

▲ Immagine della culatta del cannone all'interno della casamatta. Foto dell'autore (Militaria Novegro 2022).

Il semovente da 75/18 fungeva inoltre da artiglieria mobile, fornendo fuoco indiretto di supporto ai battaglioni di fanteria all'assalto. Come armamento secondario, al pari dei carri medi, anche il semovente disponeva di una mitragliatrice Breda Mod. 38. Questa poteva essere usata anche in funzione antiaereo, cosa che capitava spesso, poiché per evitare complicazioni causate dal fumo che riempiva la casamatta all'interno del semovente dopo alcuni spari, era abitudine lasciare gli sportelli aperti sul cielo del mezzo.

■ PRODUZIONE

Il primo prototipo del semovente 75/18 vide la luce nel febbraio 1941. Era montato sullo scafo M40 e ne furono subito ordinati 30 esemplari. Il 30 aprile vennero quindi consegnati i primi mezzi alla 133ª Divisione corazzata "Littorio", e al 133º Reggimento artiglieria. Ciascun gruppo di consegna era composto da due batterie di quattro semoventi per un totale di otto semoventi, quattro carri-comando e una riserva di due semoventi e un carro-comando. Qualche mese dopo, all'inizio del 1942, i mezzi furono imbarcati per il teatro africano e qui riassegnati al 132º Reggimento della 132ª Divisione corazzata "Ariete", che si trovava a El-Agheila. In Libia, i semoventi ebbero il loro battesimo del fuoco nella primavera 1942 e rimasero sempre attivi per tutto il tempo fino alla disfatta subita a El Alamein, nel novembre dello stesso anno. Sin dai primi scontri nel deserto contro le forze nemiche, ci si accorse che i semoventi non avevano a bordo una quantità adeguata di munizioni. Per supplire a questa criticità, i semoventi venivano accompagnati da camionette sahariane adattate al trasporto extra di munizioni per i 75/18. Mentre per il trasporto sulle lunghe distanze venivano utilizzati rimorchi adeguati come il Camion Bianchi, il Lancia Ro o il Rimorchio Viberti. Nel giugno del 1942 si decise di montare il semovente sul nuovo scafo migliorato M14/41.

Questa nuova produzione andò ad alimentare i reparti per le divisioni "Littorio", "Ariete" e per la 131ª Divisione corazzata "Centauro". Numerati da DLI a DLXI, tutti operativi e schierati in Libia e Tunisia, a causa delle fortune avverse, finirono con l'essere distrutti in gran parte pur ottenendo svariati successi. Si salvarono, dunque, solo quelli rimasti in Italia. Suvvessivamente fu intordotta la terza versione, quella montata su scafo M15/42, che andò a equipaggiare i nuovi reparti tra cui il Reggimento "Lancieri di Vittorio Emanuele II" della rinata Divisione "Ariete". Al 75/18 confluirono poi anche gli ultimissimi semoventi da 75/34. Un altro battaglione carristi dotato dei nuovi M42 fu assegnato alla 12ª Divisione fanteria "Sassari", che il 9 settembre affiancò la divisione corazzata Ariete nel tentativo di sbarrare la strada ai tedeschi verso Roma. Dopo l'armistizio, la gran parte, per non dire la totalità, di questi mezzi fu consegnata ai tedeschi. Gli unici semoventi da 75/18 che rimasero in mani italiane furono gli M42 del DLXI Gruppo rimasto in Sardegna, ma a causa della perdurante diffidenza degli alleati, questi mezzi rimasero praticamente non operativi.

CARATTERISTICHE TECNICHE

Il carro era costituito dal telaio o scafo, dall'armamento, dal motore e dai relativi organi di trasmissione, di locomozione e di comando. Aveva una massa che variava, a seconda del modello, fra 13 e 14 tonnellate. Era lungo da 4,9 a 5,06 metri, largo 2,28 e alto 1,85 metri compreso il periscopio.

Queste le parti principali: scafo - accessi - portelli d'ispezione - fori di scarico - mezzi di visibilità - motore - organi di trasmissione - organi di direzione e di frenata - organi di propulsione esterna e sospensioni.

Scafo: era costituito da lamiere di acciaio speciale (che formavano la corazzatura) rigidamente collegate all'interno da una robusta intelaiatura di profilati e rinforzate da traverse, così da ottenere una cassa impermeabile e resistente agli sforzi ed agli urti più violenti.

Nella parte inferiore lo scafo era a tenuta stagna, fatto che gli permetteva di guadare torrenti.

Le lamiere costituenti la corazzatura avevano spessori diversi ed erano distribuite in modo da assicurare la massima protezione alle parti maggiormente esposte al tiro. All'interno lo scafo era diviso in due parti da una paratia verticale così da formare una camera motore nella parte posteriore, e una camera di com-

▼ Interno della casamatta di combattimento. Notare lo spioncino/feritoia colorata di nero che dava sul retro. Foto dell'autore (Militaria Novegro 2022).

battimento in quella anteriore. La camera motore conteneva, oltre al motore con ventilatori e radiatori, i due serbatoi del gasolio e le batterie di accumulatori. La camera di combattimento comprendeva la parte centrale e la parte anteriore dello scafo; in essa erano contenuti tutti gli organi di guida del carro e quelli della trasmissione.

Nella "bassa" casamatta di combattimento, spessa ben 50 mm, trovavano posto l'equipaggio di 3 uomini, i cofani e gli scaffali per le munizioni, la stazione radiofonica, le armi personali, la Breda mod. 30 in dotazione e relative munizioni. Il tetto della camera di combattimento disponeva di due coperchi/bottole di uscita che si aprivano verso l'esterno. Sul cielo della torretta si trovava un supporto per l'installazione della mitragliatrice per tiro e difesa contraerea, mentre sul lato sinistro del tetto si trovava il supporto per l'antenna della stazione ricetrasmittente e, sul lato destro, quello per il cannocchiale panoramico destinato all'esplorazione del terreno circostante. L'impianto elettrico differiva da quello dei carri armati M poiché aveva un singolo gruppo di batterie, sistemato sulla camera motore e riunente quattro batterie tipo 3NF-12-1-24 Magneti Marelli; ciascuna aveva tensione di 6 volt ed erano collegate in serie. Lo scafo incorporava però alcune modifiche, come filtri dell'aria e nuovi silenziatori.

Accessi: uno doppio in torretta per tutto l'equipaggio. Il portello sul tetto, diviso in due, poteva essere mantenuto aperto per mezzo di due puntelli.

Portelli d'ispezione: due sulla camera del motore e due in corrispondenza dei freni. I due portelli del cofano motore erano fissati a una cerniera centrale. La loro chiusura dall'esterno veniva effettuata a mezzo di due perni con dado a galletto; dall'interno a mezzo di apposita chiusura di sicurezza. I due portelli anteriori per l'ispezione dei freni erano apribili soltanto dall'interno del carro, a mezzo di un congegno comandato a mano dal pilota. Detto congegno consentiva di mantenere i portelli parzialmente aperti durante la marcia per il raffreddamento dei freni.

▼ Interno della casamatta. In vista i posti occupati dal pilota e dal servente, sulla sinistra il banco strumentazione. Foto dell'autore (Militaria Novegro 2022).

Mezzi di visibilità dall'interno del carro: per la guida, il pilota disponeva di una feritoia rettangolare ricavata nella lamiera frontale della casamatta, con un portellino incernierato all'esterno e manovrabile con una leva dall'interno. Il portellino poteva assumere una posizione di massima apertura —rimanendo quasi orizzontale— e tutte le altre posizioni intermedie fino alla completa chiusura.

Con portellino chiuso era possibile la visibilità diretta attraverso una feritoia longitudinale, praticata in esso, chiudibile dall'interno mediante una piastra fissata al portellino e manovrata con apposito perno. Gli occhi del pilota erano protetti da eventuali schegge da un cristallo contenuto in una scatola applicata alla piastra e facilmente smontabile.

Oltre alla visibilità diretta, il pilota aveva a sua disposizione, per la guida, un mezzo di visibilità indiretta costituito da un iposcopio. Questo apparecchio, che consentiva la condotta del carro quando era necessario tenere chiuso il portellino di guida durante il combattimento, era essenzialmente composto da due prismi, di cui uno superiore —obiettivo— sporgente dal tetto dello scafo, e uno inferiore —oculare— sistemato nell'interno all'altezza degli occhi del pilota. Per la visibilità posteriore e laterale, il capocarro e il porgitore si affacciavano all'esterno della casamatta con i portelli aperti. Non erano previste feritoie a parte due minute circolari protette da piastre girevoli situate ai lati della parete posteriore. Tuttavia, per il capocarro-cannoniere erano disponibili un periscopio e altri organi di mira.

Motore: del tipo diesel veloce, a quattro tempi, a gasolio; 8 cilindri in blocco —quattro per parte— disposti a 90°, posizione a V. Tale tipo di motore differiva fondamentalmente dal normale motore a scoppio in quanto l'alimentazione e l'accensione si svolgevano in modo del tutto differente.

Per l'alimentazione, a differenza di quanto avveniva nei normali motori a scoppio, nei motori a iniezione non vi era il carburante destinato a preparare la miscela di aria e benzina fuori del cilindro. In questo motore l'aspirazione del cilindro avveniva direttamente dall'atmosfera; s'inseriva solamente, all'estremità del condotto di aspirazione, un filtro destinato a trattenere le eventuali impurità e la polvere contenuta nell'aria. Alla fine dell'aspirazione veniva introdotta nel cilindro soltanto aria sulla quale, poi, nella corsa di salita dello stantuffo, si esercitava la normale pressione.

Il combustibile per l'iniezione nei cilindri era fornito da apposite pompette di iniezione, una per cilindro, raggruppate in un solo complesso meccanico, comandato con opportuna trasmissione dal motore. L'accensione del combustibile iniettato avveniva automaticamente (esclusione fatta per il primo avviamento a motore freddo che era facilitato dalle candele, alimentate da una corrente di 2 Volt). Dopo di che aveva luogo la normale fase di scoppio e quindi quella di scarico, conclusiva del ciclo di funzionamento, che si rinnovava per intero, come in tutti i normali motori a scoppio a quattro tempi. A partire dalla versione M41 l'interno del semovente fu adattato per accogliere il motore a iniezione SPA 15T in sostituzione dell'8T, che equipaggiava gli M13/40.

Avviamento del motore: 1) *A mano* sia dall'interno che dall'esterno del carro, a mezzo di un avviatore ad inerzia azionato da manovella e provvisto di bottone d'innesto.

2) *Elettrico*, mediante due motorini di avviamento che agivano su una ruota dentata applicata al volano.

Lubrificazione: la circolazione dell'olio avveniva per mezzo di tre pompe, riunite in un sol corpo, di cui due di ricupero e una di mandata. Le pompe di ricupero richiamavano l'olio dai due pozzetti ricavati nella coppa motore e lo inviano alla sottocoppa.

Raffreddamento: era a circolazione d'acqua forzata mediante pompa centrifuga. La pompa era comandata da una doppia catena e da un pignone inserito sull'albero motore. Il raffreddamento dell'acqua era ottenuto a mezzo di ventilatori che soffiavano l'aria attraverso i due radiatori.

Filtri dell'aria: ce n'erano quattro, applicati al motore, due per ciascun lato; erano costituiti da un avvolgimento di reticella metallica nel cui interno veniva allogato un filtro di speciale tessuto. Avevano il compito di filtrare l'aria prima che questa penetrasse nei cilindri durante la fase di aspirazione.

Organi della trasmissione-frizione: incorporata nel volano motore, era composta da: una scatola porta comando frizione; un anello spingidisco; un disco condotto investito sull'alberino della frizione; dodici molle. Il distacco della frizione avveniva azionando il pedale; questo, con appositi tiranti e leve, comandava il manicotto distacco frizione, che a sua volta faceva allontanare lo spingidisco comprimendo maggiormente le molle.

Trasmissione: l'albero di trasmissione serviva a trasmettere il movimento dell'albero motore al gruppo cambio ed epiciclo sistemati nella parte anteriore del carro. L'albero era protetto da un tubo e da cuffia di protezione e munito di giunti cardanici.

Cambio di velocità: il cambio era del tipo a blocchi scorrevoli, con ingranaggi sempre in presa e presa diretta. Tre alberi: primario, sussidiario, secondario e un alberino della retromarcia.
Nella scatola, separato da una parete, si trovava il riduttore di velocità, che consentiva di apportare una riduzione alle marce normali. Pertanto si avevano quattro marce normali e quattro ridotte. Un'apposita leva serviva a inserire tale riduzione e a collegare direttamente l'albero secondario del cambio con il ponte, cioè il gruppo tronco-conico e l'epiciclo.

Organi della direzione e della frenatura: facevano parte di un complesso epicicloidale il quale era congegnato in modo da consentire: a) la trasmissione del moto alle ruote; b) la direzione; c) la frenatura.
Per il comando della guida del carro erano sistemate sulla sinistra due leve di direzione, poste ai lati del pilota. Manovrando queste leve, si provocava la frenatura dei cingoli e conseguentemente la sterzatura del carro che faceva perno sul cingolo frenato.

Frenatura del carro: il rallentamento e l'arresto del carro si ottenevano agendo simultaneamente sulle due leve di direzione; per avere una frenatura più energica si premeva contemporaneamente sul pedale del freno, il quale funzionava perciò esclusivamente in qualità di intensificatore dell'azione frenante.

Organi di propulsione esterna e sospensioni - Ruote motrici: poste ai lati dello scafo nella parte anteriore, ricevevano il moto dai semiassi della trasmissione. Queste erano costituite da una ruota con due flange alle quali venivano fissati due anelli dentati per le trasmissioni del moto al cingolo. Alle flange interne delle ruote erano fissate anche le corone a dentatura interna con i pignoni che ricevevano il moto dai semiassi e che sporgevano dalle aperture circolari anteriori dello scafo.

▲ Immagine del semovente 75/18 M14-41. Foto dell'autore (Militaria Novegro 2022).

Cingoli: ciascun cingolo era costituito da 8 maglie uguali fra loro e unite a cerniera mediante perni, il cui sfilamento era impedito, da una parte, da una battuta nel foro dell'ultima cerniera e dall'altra da una pastiglia di arresto incastrata in una scanalatura delle maglie. Al centro ogni maglia portava un'aletta di guida e, ai lati di tale aletta, due fori rettangolari nei quali si introducevano i denti delle ruote motrici.

Ruote di rinvio e gruppi tendicingoli: i due cingoli, che anteriormente si avvalevano sulle ruote motrici, appoggiavano posteriormente su due ruote di rinvio, i cui perni erano portati da bracci tendicingoli spostabili in senso longitudinale. Lo spostamento provocava l'aumento di tensione o l'allentamento del cingolo.

Rulli di guida: ogni cingolo era guidato e appoggiava il suo ramo superiore su tre rulli gommati, ruotanti su perni fissati ai fianchi dello scafo.

Sospensione: il carro, attraverso i perni di quattro piastre inchiodate ai fianchi dello scafo, appoggiava elasticamente su quattro carrelli, due per lato. I carrelli, costituiti ognuno da due coppie di rulli gommati, erano dislocati sulle fiancate dello scafo, in modo tale da distribuire uniformemente il carico su ognuno di essi. Ogni carrello era indipendente dagli altri e aveva la possibilità di oscillare attorno al perno della relativa piastra. Il sistema elastico, formato da molle, leve e bilancieri che lo compongono, oltre ad assicurare la sospensione elastica del carro, permetteva al carrello di deformarsi così da consentire al cingolo di adattarsi a qualunque asperità del terreno e di mantenersi costantemente a contatto con i rulli del carrello. Con ciò veniva eliminata una delle cause principali dello scingolamento.

Corazzatura: il tipo di costruzione e i materiali utilizzati nei carri italiani non erano all'altezza della produzione straniera, specialmente riguardo alla composizione chimica delle lastre corazzate.
Le corazzature erano inoltre imbullonate (caratteristica italiana nei mezzi corazzati WW2), e non fuse. Le corazze spesso tendevano a spaccarsi in caso di urto con un proiettile nemico, anche se non c'era penetrazione, perché troppo "rigide", poco malleabili e scarsamente trattate. La corazzatura arrivava a un massimo di 50mm nella parte frontale della casamatta e a un minimo di 14mm nella parte inferiore dello scafo.

Sistemazione interna: l'avviamento del motore era effettuabile sia elettricamente che a mano a mezzo di un avviatore a inerzia, che era possibile manovrare sia all'esterno che all'interno del veicolo.
Il carro armato era dotato di impianto elettrico che provvedeva all'illuminazione esterna (con due fanali posti ai lati della casamatta ed un fanale singolo posto nella parte posteriore) ed interna con due lampadine sul cruscotto e due nella *camera di combattimento.*
L'impianto, ovviamente, provvedeva anche all'avviamento del motore.
L'elevazione, e il brandeggio del cannone, erano comandati a mano mediante due volanti a sinistra del cannoniere/capocarro. Tutti gli strumenti ottici a bordo erano costruiti dalla ditta San Giorgio.

Impianto radio: l'impianto radio, che nei primi carri prodotti era quasi del tutto assente, era composto da un set del tipo "RF1 CA", posizionato nella parte destra dello scafo.
Per le comunicazioni interne non era montato un telegrafo, come nel caso dei carri M, poichè, mancando la torretta, i tre uomini eano tutti alla stessa altezza e in uno spazio angusto interloquivano direttamente.

Fonte: S.M.R.E. - *"Nozioni di armi, tiro e materiali vari"*, Edizioni Le "Forze Armate", Roma, 1942.

Note conclusive
Tecnici britannici della Scuola di tecnologia carrista di Cobham esaminarono un semovente 75/18 M40 catturato in Africa e ne redassero una relazione lusinghiera, ancorché non facesse cenno all'efficacia dell'armamento. In termini obiettivi, i britannici lodarono la meccanica definendola efficiente e pratica, specie le sospensioni e la sterzatura. Il motore 8T, pur di insufficiente potenza, fu considerato assai compatto e di facile accessibilità. Le uniche critiche furono mosse alla blindatura, secondo loro, comunque al di sotto degli standard accettabili per gli alleati, e fu lamentata sia l'assenza di protezione antischegge, sia l'esposizione delle sospensioni, particolarmente vulnerabili alle mine anticarro.

SEMOVENTE 75/18 M13-40 PROTOTIPO, GENOVA, ITALIA 1941

▲ Prototipo del semovente 75/18 M.40 negli stabilimenti dell'Ansaldo di Genova, Italia 1941.

LE VERSIONI DEI MEZZI

Come già avvenuto con i carri medi, anche nel caso dei semoventi, dai loro derivati vennero realizzate tre versioni principali per il Regio Esercito, fra operativi definitivi e prototipi. Di seguito elenchiamo le più importanti.

- *75/18 M13/40*: prima designazione del semovente, progettato dalla Ansaldo nel 1938. Questa prima versione venne prodotta in soli 60 esemplari, in due riprese. L'armamento era basato principalmente sul cannone 75/18 mod. 1935 e mitragliatrice Breda mod. 30 a bordo del mezzo. L'M13/40 era azionato da un motore diesel SPA 8T raffreddato a liquido, con 8 cilindri. Il cambio di velocità associato contava 4 marce avanti e una retromarcia normale; inoltre, grazie al riduttore incorporato, erano disponibili altre 4 marce più una retromarcia addizionale. Il motore scelto fu uno dei maggiori handicap del carro: scarsamente potente e soggetto a vari guasti, dovuti alla sabbia e a causa della deprecabile mancanza di filtri. Pesava 13 tonnellate, aveva una velocità massima di 33 km/h e un'autonomia di 215 km.

- *75/18 M14/41*: il modello successivo al primo venne prodotto in 162 esemplari (qualcuno parla di 300) e fornito del nuovo motore Fiat SPA 15T V-8 diesel da 145 hp. Il mezzo era pressoché identico al suo predecessore, sia nella meccanica che nell'armamento. Lo scafo differiva solo per la forma dei copricingoli estesi per tutta la lunghezza del carro e altri piccoli dettagli. Il nuovo motore comportava inoltre nuove griglie del radiatore, con alette orientate parallelamente all'asse maggiore del carro. Venne introdotta una leva caccia-fango per la ruota motrice e altre migliorie che riguardavano l'impianto elettrico. Identico anche l'armamento e la sua disposizione. Oltre ai carri da combattimento vennero prodotti anche diversi carri radio comando. Pesava 13,5 tonnellate, quindi un po' più pesante del suo predecessore. Grazie al nuovo motore godeva di una velocità appena maggiore (35 km/h).

- *75/18 M15/42*: prodotto in un numero incerto ma piuttosto basso, fu il terzo e ultimo miglioramento generale sotto ogni aspetto, ma considerando i tempi, arrivava troppo tardi per poter fronteggiare alla pari i nuovi carri nemici. A causa degli eventi conseguenti dell'armistizio di Cassibile del 3 settembre,

▲ Semovente versione su scafo M.13-40 (riconoscibile dal parafango parziale). Museo di Saumur - Wikipedia.

la fabbricazione venne presto interrotta. L'ultimo modello della serie venne consegnato nel maggio del 1943. Il numero di esemplari consegnati al Regio Esercito fu, come detto, di sole 60 unità, mentre gli altri finirono con l'essere utilizzati dai tedeschi (che lo rimisero in produzione) e dall'esercito regolare della Repubblica Sociale Italiana. Le principali differenze con le versioni precedenti erano: una maggiore lunghezza del mezzo nella parte posteriore di circa 15cm; la sistemazione dei ruotini di scorta sul fondo del carro. Dopo l'8 settembre 1943, come detto, i tedeschi s'impossessarono di tutti semoventi italiani (esclusi quelli che si trovavano in Sardegna). Ordinarono poi la nuova produzione di 75/18 e 75/34, i quali vennero consegnati nel 1944. Il peso ora era di 15 tonnellate, con protezione migliorata, e una lunghezza maggiore di circa 15 cm. La velocità, grazie a un terzo nuovo motore, era ora di 39 km(h). Aveva anche lanciagranate fumogene trasportate in una scatola nella parte posteriore dello scafo.

I carri usati dai tedeschi vennero rinominati *StuG M42 mit 75/34 (851)*, tutti regolarmente dotati di una radio RF1 CA e subito distribuiti ai distaccamenti corazzati in forza all'esercito germanico.

DERIVATI DEI SEMOVENTI 75/18

- *75/34 M15/42:* un'altra versione del cannone semovente fu il 75/34 su scafo M.42, preceduto da un prototipo armato con un 75/32 Mod. 1937 che non convinse appieno. La versione migliorata e poi prodotta godeva di un cannone 75/34 Mod. SF dotato di una canna più lunga e di munizioni più potenti, che aumentavano notevolmente le prestazioni anticarro. Ordinati in ben 253 unità, ne vennero prodotte solo sessanta e consegnate alle grandi unità corazzate nell'agosto del 1943. Il nuovo cannone permetteva una gittata davvero interessante: 12.000 metri. Anche la velocità iniziale subì un sensibile aumento.

- *Carri comando M.40, M.41 e M.42:* insieme al semovente da 75/18, per ordine dello Stato maggiore, ne fu sviluppata la relativa variante carro comando. Si trattava in sostanza di un normale carro medio privo di torretta e dotato delle necessarie attrezzature per la dire-

▲ Due immagini del semovente 75/34 M.15-42 con la nuova canna lunga e più potente. (Archivio di Stato).

▲ Colonna di semoventi 75/18 in Nord Africa attorno al 1942. Notare in prima fila un carro comando con due mitragliatrici binate derivate dal carro medio M40. Archivio di Stato. Colorazione dell'autore.

zione del tiro delle batterie e per i collegamenti radio. Il vano torretta, inizialmente chiuso, era dotato di un accesso superiore con gli stessi due portelli del carro armato originale. Durante la produzione di serie furono comunque ricavati quattro sportelli in totale, che consentivano maggiore spazio agli osservatori. Nella camera di combattimento alloggiava l'equipaggio composto da 4 persone: a sinistra il pilota e a destra il mitragliere, sui due seggiolini posteriori prendevano posto il comandante e il goniometrista. Il mitragliere era addetto alle due Breda 38 da 8 mm sull'M40, rimpiazzate da una singola Breda Mod. 31 da 13,2 mm nelle successive versioni; nel vano si trovava inoltre un'altra mitragliatrice Breda da 8 mm con supporto speciale a bocca di lupo per il tiro contraereo. All'interno del veicolo erano infine distribuite le munizioni, gli apparecchi ottici, gli strumenti di controllo e gli organi di guida. Sulle estremità superiore e posteriore del lato destro del tetto erano posizionati i supporti per le due antenne delle stazioni radio-trasmittenti. Il cannocchiale panoramico era sistemato sull'angolo sinistro del tetto. Prodotti complessivamente in 139 esemplari, servivano principalmente per dirigere il fuoco dei semoventi d'artiglieria. In casamatta furono sistemate due radio Magneti Marelli, una RF1 CA e una RF2 CA, e due batterie extra; infine fu installato un telemetro.

Una curiosità: all'interno del mezzo era conservata una pistola di segnalazione con 45 colpi. Ogni batteria era formata da otto cannoni semoventi e due carri comando.

- **M14/41 Carro Radio:** oltre alla radio Magneti Marelli RF1 CA standard, era dotato di una RF2 CA. Le antenne erano montate sul lato sinistro dello scafo e, tramite una manopola, era possibile abbatterle dall'interno della camera di combattimento per permettere la rotazione della torretta su quel lato. Questo mezzo, se destinato alla comunicazione aerea, veniva infine dotato anche della radio RF3M. Questa aveva una portata del segnale maggiore rispetto al dispositivo radio RF2CA. Furono prodotti 34 esemplari di M14/41CR, che furono distribuiti in ragione di due mezzi per ogni comando di battaglione.

▲ Carro Comando M14-41. Nella foto piccola: la marcia dei semoventi nel deserto libico.
(Archivio P. Crippa. Colorazione autore)

SEMOVENTE 75/18 M14-41 CARRO COMANDO RADIO IN AFRICA SETTENTRIONALE, 1942

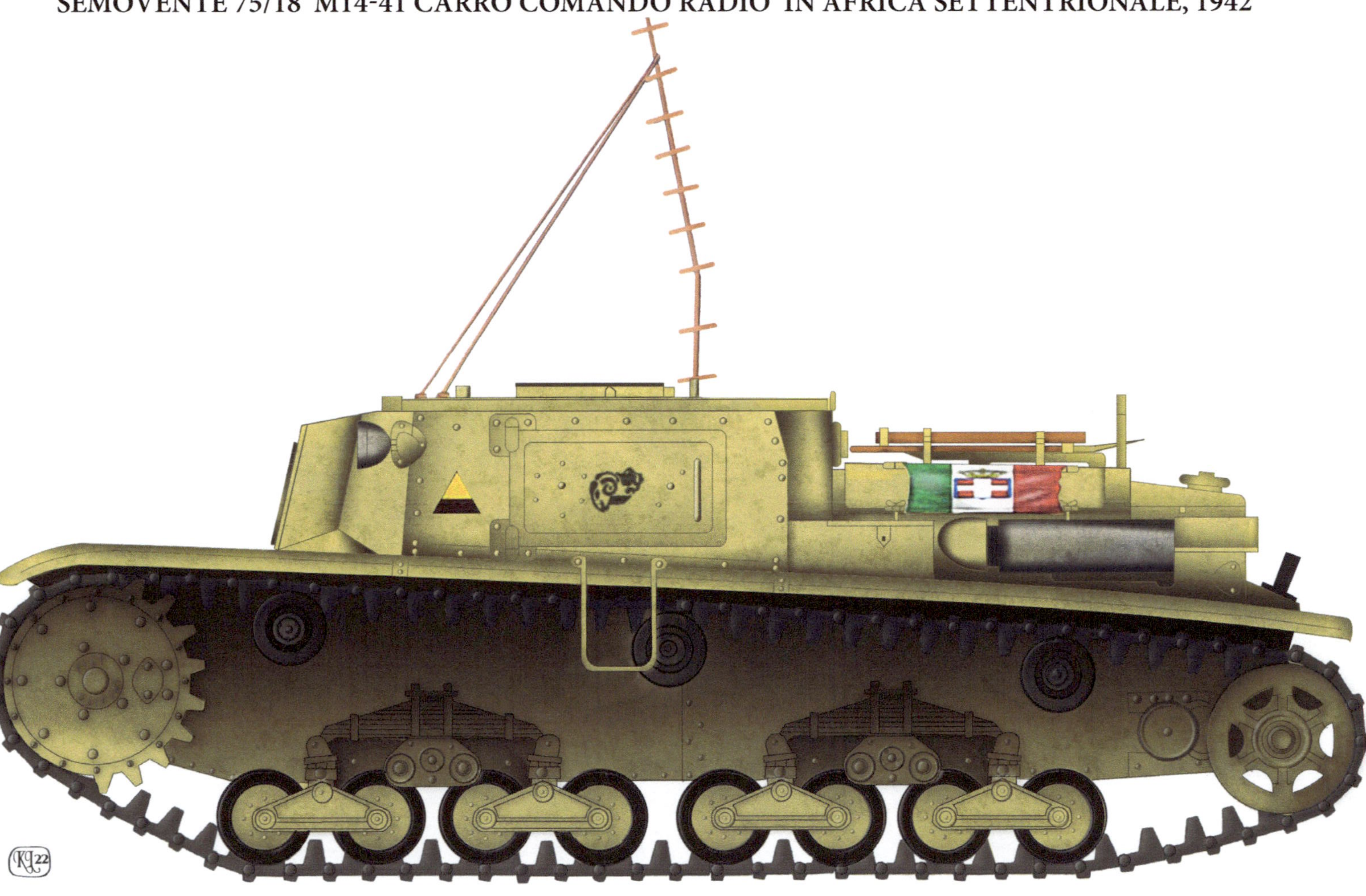

▲ Semovente Carro Comando Radio 75/18 M.41 della Divisione Corazzata Ariete, appena sbarcato in Libia, 1942.

▲ Dopo l'armistizio dell'otto settembre 1943, (nella foto piccola: un semovente nella zona di Porta san Paolo) condotto in modo assai maldestro dallo Stato Maggiore italiano, i tedeschi, con la solita organizzazione e tempestività, misero rapidamente fuori uso l'esercito italiano allo sbando e sequestrarono e riutilizzarono gran parte del materiale bellico già appartenuto al Regio Esercito. Nella foto è possibile vedere una notevole quantità di mezzi, soprattutto carri medi e semoventi in mano ai tedeschi. (Archivio Arena. Colorazione autore).

SEMOVENTE 75/18 M13-40, CAMPAGNA D'AFRICA, 1942

▲ Semovente 75-18 su scafo M.40. appartenete al V° gruppo semoventi, del 132° reggimento artiglieria della Divisione Corazzata Ariete, a El Alamein, Egitto, agosto 1942. Notare la Breda mod. 30 sul tetto del mezzo a disposizione del capocarro.

▲ Un semovente 75/18 colpito e messo fuori uso dai corazzati inglesi nel deserto africano. (Wikipedia. Colorazione autore). Nella foto piccola: un semovente in panne sta per essere trainato per le riparazioni.

IMPIEGO OPERATIVO

Appena prodotti i primi semoventi da 75/18, furono consegnati alle Divisioni Corazzate principalmente come unità artiglieria mobile divisionale. Solo sul campo si capì, invece, che il loro uso più determinante sarebbe stato quello di caccia carri, essendo al tempo i carri medi poco adatti a fermare i mezzi corazzati avversari, come i britannici Matilda e il Crusader, ma più avanti anche i carri armati statunitensi come l'M3 Lee e l'M4 Sherman. I semoventi erano distribuiti in due gruppi per ogni divisione corazzata, a loro volta composti da 2 batterie di quattro semoventi da 75/18 ciascuna, quattro carri comando per ogni gruppo di artiglieria e altri due semoventi e un carro comando di riserva, per un totale di 18 semoventi e 9 carri comando. La produzione della versione M40 consistette in soli 60 veicoli suddivisi in 6 gruppi indicati con numeri romani da DLI a DLVI.

■ BATTESIMO DEL FUOCO IN AFRICA DEL NORD

I due gruppi formati nel 1941 effettuarono il loro addestramento in Italia in due fasi: la prima riguardante l'utilizzo dell'artiglieria e la seconda l'uso del mezzo corazzato, per poi essere inviati in combattimento in Africa settentrionale. L'esperienza migliore fu comunque la guerra nel deserto, dove nonostante le note deficità del Regio Esercito, l'impiego dei semoventi ebbe un notevole successo, soprattutto durante la seconda offensiva italo-tedesca, cominciata da El-Agheila nel gennaio 1942, dopo la quale si assistette a una riorganizzazione dei reparti in base alle nuove esigenze. Le prime due batterie consegnate furono la IV e la VI, (Gruppo DLI) e vennero assegnate all' "Ariete" (132ª Divisione Corazzata) il 14 maggio 1942. A queste prime due si unì poi, sempre nella stessa divisione, anche il Gruppo DLII. Più tardi venne pronto un nuovo gruppo, il DLIV, che andò ad armare la *131ª Divisione Corazzata "Centauro"*. Infine i due gruppi DLV e DLVI, andarono alla *133ª Divisione Corazzata "Littorio"*. Tutto il personale degli equipaggi dei semoventi era di provenienza artiglieri e non carristi come sui carri M.

La vita operativa dei semoventi da 75/18 iniziò verso gli ultimi mesi del 1941, durando sino alla fine della guerra. L'impiego più intenso fu certamente in Nordafrica nei ranghi delle tre divisioni corazzate italiane

▼ Carri semoventi nel deserto libico nel 1942, dalla rivista *Cronache di Guerra* (collezione autore).

"Ariete", "Littorio" e "Centauro", fino alla resa in Tunisia nel maggio 1943. Ma già a El Alamein la gran parte dei gruppi DLI, DLII, DLIV e DLVI venne pressoché distrutta.

Tuttavia, come detto, prima di El Alamein, lo stato Maggiore delle forze italiane in Libia, si espresse in modo assai lusinghiero sull'utilizzo dell'artiglieria corazzata: *"Il semovente 75/18 ha dato ottima prova di sè, unendo alla potenza del colpo singolo, migliori requisiti tecnici e migliore manovrabilità rispetto al carro armato M"*. Di conseguenza il ministero della Guerra decise di inoltrare un ordine per 163 nuovi esemplari della versione M42, che però entrarono in servizio troppo tardi, nel maggio 1943.

Il canto del cigno dei semoventi avvenne a El Alamein, la più volte citata grande battaglia del deserto. Qui furono ingaggiati due gruppi corazzati di semoventi, il DLIV e il DLVI, per un totale di 35 mezzi. Per l'occasione furono dotati di un'autonomia di colpi più che doppia di quella abituale, oltre cento colpi per semovente. Piazzati attorno alle alture numero 33 e 34, perirono quasi tutti tranne due che riuscirono a rientrare. Altri dodici mezzi appartenenti ai gruppi DLI e DLII, sempre dell'"Ariete", posti nella retroguardia rispetto alla linea del fronte, tentarono in ogni modo di arginare l'impetuosa avanzata britannica, infliggendo sensibili perdite al nemico (si parlò per fonte italiana di 30 carri nemici fra cui Sherman, Grant e Crusader). Per contro, l'"Ariete" venne totalmente distrutta. Anche i due superstiti citati andarono persi poco tempo dopo nella difesa della Ridotta Capuzzo sempre in Libia.

All'inizio del 1943 gli italiani riuscirono a organizzare la nuova divisione "Centauro" inviata in Africa dalla Grecia. Questo reparto fatto di veterani fu anche l'unico che riuscì a ottenere successi contro le forze nordamericane in Africa. Il loro maggior successo, infatti, fu la battaglia di Kasserine del febbraio 1943.

■ ITALIA, SICILIA

Dopo la perdita dell'Africa, i pochi semoventi che si poterono salvare, insieme a quelli che stazionavano sulla penisola, furono inquadrati nei seguenti reparti corazzati: la *135ª Divisione Corazzata "Ariete II"* che contava fra le sue fila 94 M41 da 75/18 (divisi fra il *Raggruppamento Esplorante Corazzato* e i *Reggimenti Corazzati*). Altri semoventi furono impiegati dal *Reggimento Motorizzato Corazzato* di stanza in Sarde-

▼ Linea di semoventi schierati nel deserto cirenaico, 1941. Archivio di Stato (colorazione autore).

SEMOVENTE CARRO COMANDO 75/18 M13-40, CAMPAGNA D'AFRICA, 1942

▲ Semovente Carro Comando 75-18 su M.40 appartenete alla Divisione Corazzata Ariete, in Cirenaica, febbraio 1942.

▲ Semovente 75/18 M.41 messo fuori combattimento negli scontri di Roma del settembre del 1943. Bundesarchiv (colorazione dell'autore).

SEMOVENTE 75/18 M13-40 SU CAMION LANCIA 3RO IN AFRICA SETTENTRIONALE, 1942

▲ Semovente 75/18 M.40 2ª batteria 1° gruppo della Divisione Corazzata Ariete, su trasporto Lancia 3Ro. Deserto della Cirenaica, Libia, giugno 1942.

gna, che di fatto non prese parte a nessun combattimento durante la seconda guerra mondiale, e i cui mezzi saranno gli unici a non finire in mani tedesche dopo l'armistizio.

Altri semoventi furono abbinati al *XII Gruppo Anticarro* della *Divisione di Fanteria "Sassari"* e nei sei squadroni appartenenti al *Reggimento "Lancieri di Vittorio Emanuele II"*.

Il loro primo impegno fu la difesa della Sicilia a seguito dello sbarco alleato del luglio 1943. Dopo la perdita della Sicilia, l'Italia maturò determinatamente la propria uscita dal conflitto accettando di firmare, proprio in Sicilia, gli accordi di Cassibile.

Poi, fino all'armistizio dell'8 settembre, e prima dei tragici fatti della difesa di Roma, il semovente 75/18 non ebbe particolari impegni bellici da segnalare.

■ ITALIA, ROMA, SETTEMBRE 1943

Dall'8 al 10 settembre la "Ariete II" fu coinvolta negli scontri contro i tedeschi nei dintorni e dentro Roma, in particolare a Porta San Paolo. Ci furono anche scontri nella città di Cesano, e sulla via Ostiense che portava a Roma. Ma a seguito della pessima o nulla preparazione alla difesa della capitale, anche in presenza di un maggior numero di uomini e mezzi, finì che la maggior parte delle truppe italiane si ritirò, per ordine superiore, verso Tivoli, abbandonando di fatto la difesa della città. La gran parte dei mezzi del Regio Esercito cadde in mano dei tedeschi e andò a equipaggiare la 2ª *Fallschirmjäger-Division*.

L'unica reazione degna di nota da parte italiana avvenne nei fatti a Porta San Paolo, uno degli ingressi principali della città di Roma, il giorno 10 settembre. Qui, i soldati italiani della *21ª Divisione fanteria Granatieri di Sardegna*, il *I Squadrone* del '*Genova Cavalleria*', alcuni reparti della *Divisione di Fanteria 'Sassari'*, Paracadutisti del *X° Reggimento Arditi Paracadutisti* supportati da parecchi civili, fra cui molte donne, combatterono eroicamente e con impegno contro le forze tedesche che volevano entrare in città.

In quell'occasione, numerosi furono i semoventi 75/18 che parteciparono all'azione, come del resto testimoniato da molte foto, pubblicate anche su questo nostro libro.

▼ Un semovente M40 sale su un rimorchio Viberti per essere trasportato in zona operativa. Notare la mitragliatrice Breda montata sul tetto del mezzo. Archivio di Stato. Colorazione dell'autore.

SEMOVENTE 75/18 M14-41 IN TUNISIA, 1943

▲ Semovente 75/18 M.41 1ª compagnia, 31° reggimento carri, 134ª Divisione Corazzata Centauro – El Guettar, Tunisia, gennaio 1943.

La resistenza, iniziata all'alba del 10, terminò solamente dopo le 17.00, quando le forze italiane rimaste si ritirarono, unendosi poi alle forze partigiane, assicurandosi prima di mettere fuori uso i loro mezzi per impedire ai tedeschi il loro riuso.

■ I SEMOVENTI PASSANO AI TEDESCHI E ALLA RSI

Dopo la resa italiana del settembre 1943, le forze tedesche d'occupazione utilizzarono la gran parte dei mezzi catturati, e fra essi, i semoventi erano i preferiti, tanto che riprese anche la produzione del 75/18 con lievi modifiche. Sul retro della sovrastruttura e sulla parte posteriore dello scafo fu aggiunto un secondo rullo di scorta per i mortai fumogeni. I nuovi 75/18 e 75/34, insieme a quasi tutti i veicoli di produzione Ansaldo, parteciparono da allora sotto le insegne tedesche a tutti i combattimenti della campagna d'Italia fino al 2 maggio 1945.

In generale, dunque, anche i semoventi condivisero il destino di tutto il materiale bellico italiano che i tedeschi trovarono utile reimpiegare. I semoventi da 75/18 furono ridipinti con le tipiche colorazioni dei mezzi corazzati tedeschi e furono aggregati ai loro reparti combattenti.

Alcuni esemplari furono successivamente concessi in uso ad alcuni reparti dell'Esercito Nazionale Repubblicano della RSI. Fra questi, a ricevere i mezzi semoventi furono: il Gruppo squadroni corazzato "San Giusto" a cui furono messi a disposizione, oltre a 4 carri M, anche tre semoventi da 75/18 su scafo M42 e un semovente da 75/34 su scafo M42. Il Raggruppamento Anti Partigiani (RAP) - Gruppo Esplorante integrò due semoventi da 75/18 su scafo M42, mentre il Gruppo corazzato "Leonessa" schierò due carri comando su scafo M42 per la sua batteria semoventi.

I reparti tedeschi che maggiormente riciclarono i semoventi catturati furono:quelli presi nel Lazio, che finirono alla *2.ª Divisione Fallschirmjäger*. Tutti gli altri mezzi disponibili nel territorio italiano occupato dai tedeschi, o catturati in Albania e nei Balcani, furono messi in ruolo con le divisioni corazzate tede-

▼ Lo stesso mezzo di pag. 28 caricato su rimorchio Viberti. Notare l'insegna del triangolo giallo nero, tipico dei semoventi in Africa. Archivio di Stato. Colorazione dell'autore.

SEMOVENTE CARRO COMANDO 75/18   M14-41, SICILIA 1943, POI IN TUNISIA 1943

▲ Semovente Carro Comando 75/18 M.41 del Gruppo "Piscicelli", Tunisia, marzo 1943, già in forze al DLVII Gruppo operante in Sicilia nel gennaio del 1943. I semoventi nel periodo venivano denominanti con termini di vecchie artiglierie e fucili del passato.

▲ Uniforme dei carristi italiani 1940-1943, targhe e simboli usati sui carri e semoventi. Artwork dell'autore.

sche. Anche in questo caso, molti (ma non tutti) veicoli furono ridipinti e dotati di stemmi tedeschi. Numericamente, la Wehrmacht reimpiegò circa 80 semoventi di nuova produzione e 36 di preda bellica catturati agli italiani, ribattezzando il mezzo *StuG M42 mit 75/34 (851)*.

■ I SEMOVENTI "PARTIGIANI"

Risulta curiosa e interessante la vicenda dei corazzati finiti in mano alle forze partigiane. Il 18 aprile 1945 scoppiò un grande sciopero generale nelle fabbriche di Torino, ben 12.000 operai della Fiat incrociarono le braccia per protesta. Essendo in guerra, essi si posero a difesa degli stabilimenti, organizzando trincee, posti di blocco e correndo ad armarsi. Tutto filò liscio per alcuni giorni, ma dopo circa una settimana si preannunciò la reazione nazi-fascista. Gli operai pensarono, quindi, di utilizzare i mezzi militari che al tempo erano in riparazione nelle officine della Fiat. Si trattava nello specifico di due carri M.42 e un semovente 75/18 M.42. Questi tre mezzi si resero molto utili nei giorni a venire, concorrendo in primis alla difesa degli stabilimenti e poi alla difesa dell'importante snodo ferroviario di Torino Porta Nuova.
Negli ultimi giorni di guerra con Torino, di fatto liberata dai sui operai e cittadini, si tenne la sfilata per festeggiare la prossima fine della guerra. Ovviamente, i partigiani "mimetizzarono" i loro mezzi corazzati con i loro colori e insegne. Facevano la parte del leone soprattutto i nomi e gli slogan della resistenza. Un semovente M42 da 75/18 venne utilizzato dalla *7ª Divisione Partigiana Autonoma "Monferrato"* e giunse a Torino il 25 aprile 1943, per la citata sfilata nel centro della città.
Questo veicolo si distingueva per le scritte sulle pareti del suo scafo: *"W LA MONFERRATO"* e *"W STALIN"*, mentre sulla finestrella/spioncino del pilota del mezzo era posta la scritta *"Ali"*, che altro non era che il nome del comandante del reparto partigiano che una notte catturò un mezzo corazzato del Gruppo "Leonessa" senza che le forze della RSI se ne accorgessero. Ancora oggi non si sa bene se questa storia fosse un mito o una leggenda creata dai partigiani. È interessante far notare che la brigata partigiana in questione era "autonoma", cioè non era legata ad alcun gruppo politico, a differenza delle Brigate Partigiane Garibaldi, composte da comunisti, e delle Brigate Partigiane Matteotti che raggruppavano per lo più socialisti, o di quelle del Partito d'azione di orientamento popolare e moderato. Ciò significa che i partigiani/operai che dipinsero *"W STALIN"* sullo scafo lo fecero per prudenza, allo scopo di evitare il fuoco amico.
Altri semoventi da 75/18 usati dai partigiani furono visti a Milano, Genova e altre città del nord Italia che furono liberate dall'oppressione nazifascista nei giorni tra il 24 e il 30 aprile.

■ CONCLUSIONI

Dopo la guerra sopravvissero in totale 62 mezzi semoventi, di cui 50 M41 da 75/18 e 12 M42 da 75/18, che furono in gran parte riutilizzati dall'Esercito Italiano dal 1946 al novembre 1955. Cominciarono a essere ritirati solo verso il 1953, quando arrivò dagli Stati Uniti il più nuovo e potente M47 Patton.
Nel 1955 furono completamente ritirati dal servizio, ma rimasero comunque in riserva fino al 1965 quando la maggior parte di essi furono demoliti. 21 di loro furono riparati dall'arsenale di Torino tra il 1945 e il 1950. Molti di questi semoventi sono oggi conservati in musei, parchi civici o collezioni in Italia.
Il cannone semovente da 75/18 fu uno dei pochi mezzi italiani a reggere per qualche tempo i veicoli avversari, anche se non era ovviamente esente da gravi carenze. Fra esse, le più interessanti da segnalare furono: la modesta quantità di munizioni trasportata, solo 44 colpi, che di fatto ne limitava parecchio le performance di combattimento, obbligando l'uso e il supporto di veicoli di rifornimento accessori, per loro stessa natura, assai vulnerabili. La portata e la potenza del cannone 75/18 si dimostrò presto carente rispetto ai cannoni semoventi alleati, come il Priest o il Sexton, o il Wespe. Le cose migliorarono con i nuovi calibri degli ultimi semoventi, ma ormai era troppo tardi. Altro grosso problema era l'armamento secondario deficitario, mancando totalmente di una mitragliatrice coassiale, che rendeva il mezzo assai vulnerabili agli attacchi della fanteria. Ulteriori problemi, infine, derivavano dalla scarsa valenza dello scafo M, dalla sua velocità, dalle sospensioni critiche, ecc.

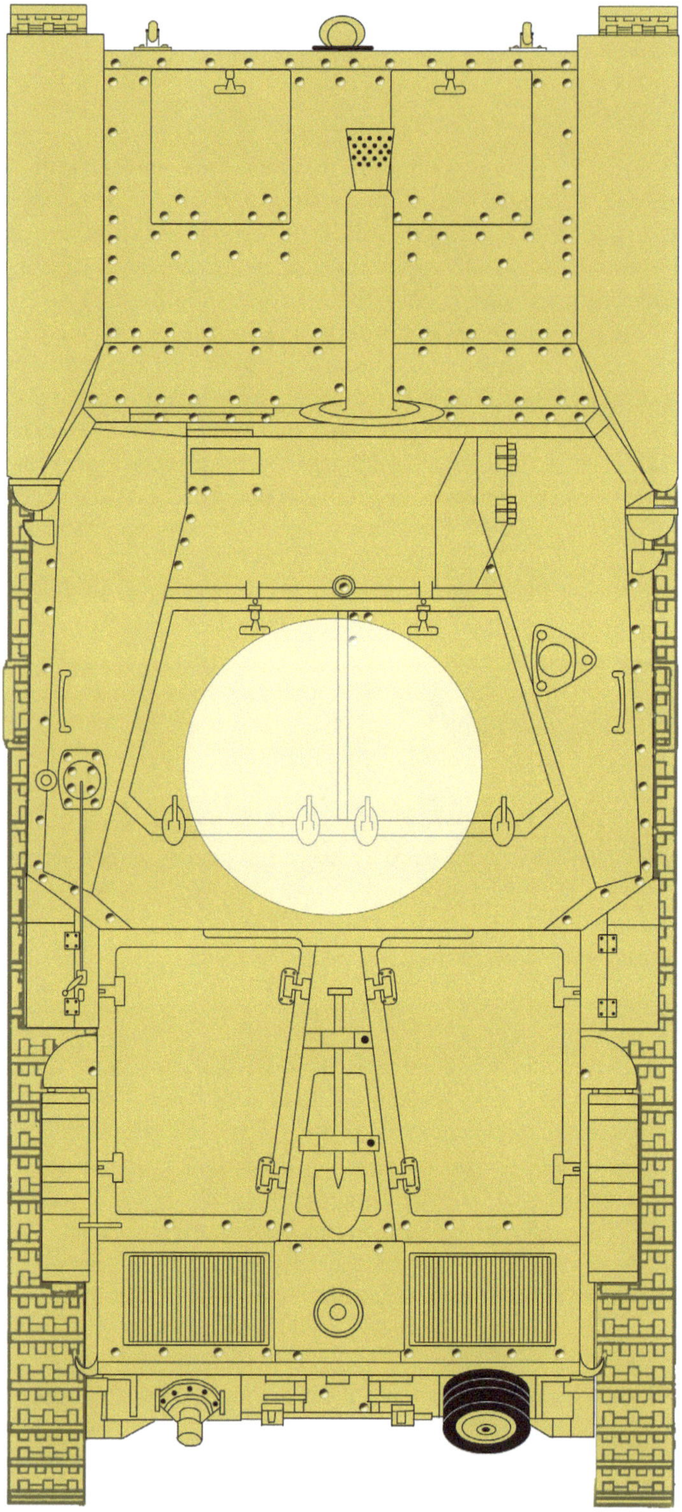

▲ Vista del semovente italiano 75/18 M.40 dall'alto. È ben visibile sul tetto della casamatta il cerchio bianco dipinto per riconoscimento aereo da parte di aerei amici. A destra, il distintivo in bronzo o alluminio era posto in alto a sinistra sulla piastra anteriore dei mezzi corazzati, dall'aprile del 1936 all'agosto del 1943.

SEMOVENTE 75/18 M15-42 A ROMA, SETTEMBRE 1943

▲ Semovente 75/18 M.42 della Divisione Fant. "Sassari" XIII battaglione, IIª Compagnia a Roma, Italia 9 settembre 1943.

▲ Fronte libico: in primo piano un 75/18 M41 e in secondo piano, su un'auto militare, il generale Erwin Rommel. Bundesarchiv - colorazione autore.

▼ Vista frontale di un semovente da 75/34 del Gruppo Corazzato "San Giusto" della R.S.I. in movimento, nell'autunno del 1944. Archivio Viziano.

SEMOVENTE 75/18 M14-41 A ROMA, SETTEMBRE 1943

▲ Semovente 75/18 M.41 del del 5° Squadrone Semoventi dei "Lancieri di Montebello" a Porta San Paolo Roma, Italia, 10 settembre 1943.

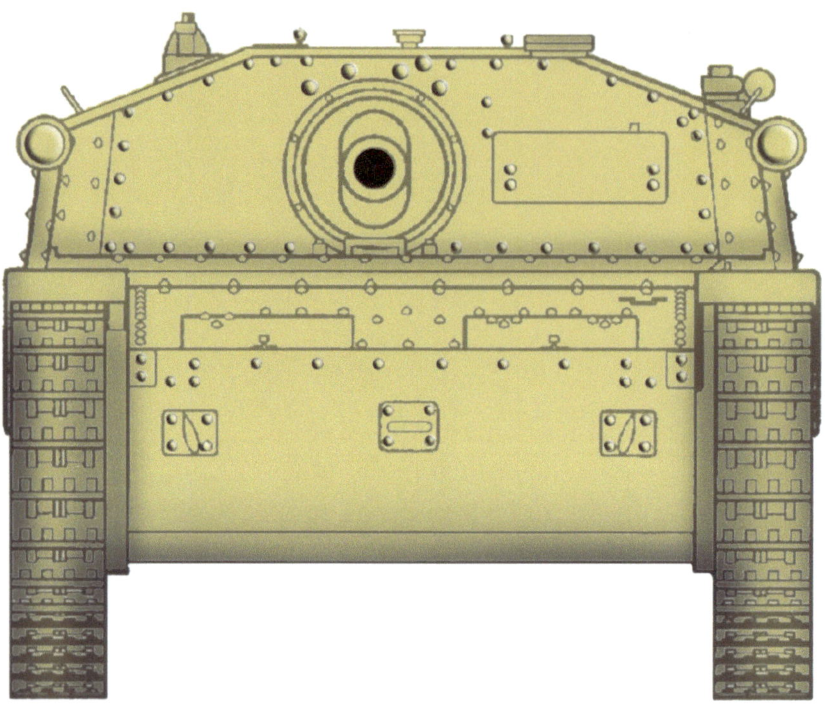

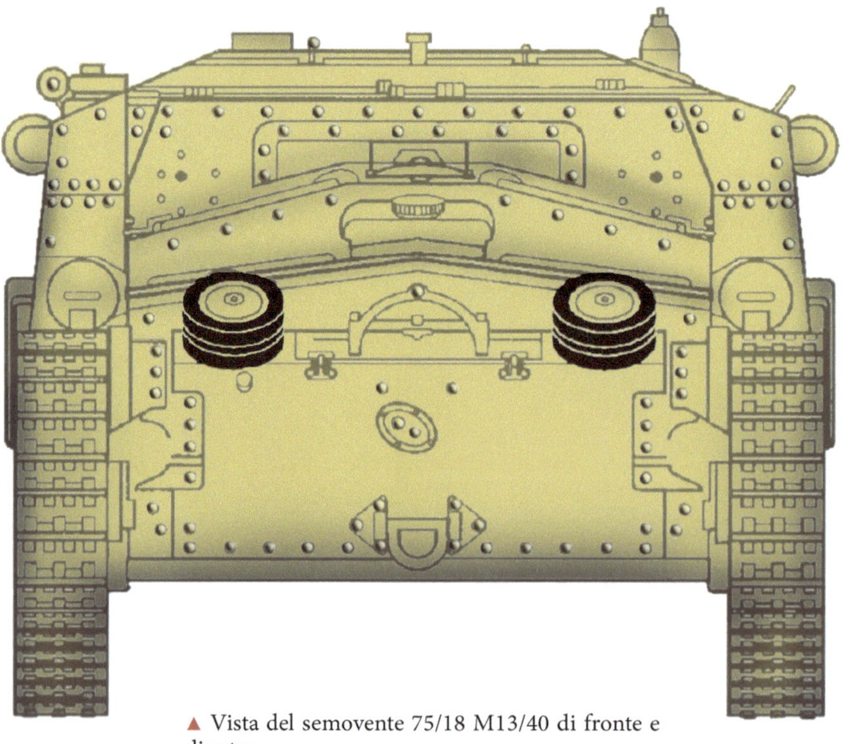

▲ Vista del semovente 75/18 M13/40 di fronte e di retro.

SEMOVENTE 75/34 M15-42 A ROMA, SETTEMBRE 1943

▲ Semovente 75–34 M.42 3° Plotone 2ª compagnia del reggimento "lancieri di Vittorio Emanuele II", inquadrato nella Divisione Corazzata Ariete, Roma, settembre 1943.

▲ Un semovente italiano 75/34 già di preda tedesca, appena catturato dai soldati britannici della 78ª divisione di fanteria che stanno esaminando il mezzo. Gli inglesi hanno anche già provveduto a cancellare la *balkenkreuz* tedesca e mettere al suo posto il *battleaxe badge* della loro divisione. Italia, maggio 1944.

MIMETICHE E SEGNI DISTINTIVI

I colori di fondo dei semoventi, sia M13-14-15 che 75/34, dalla loro creazione fino al 1945, (fra parentesi è indicato il periodo operativo di tale uso) utilizzati peraltro anche per tutti i mezzi corazzati, erano: grigio verde R.E. (1936-1945), cioccolato scuro (1936-1941), bruno rossiccio (1936-1943), ocra (per prototipi), sabbia (1941-1945), sabbia scuro (1943-1945), grigio scuro (1941-1943). Per la mimetica venivano usati: verde medio (1936-1943) e rosso scuro (per prototipi). I carri medi non erano ancora nati al tempo della Guerra d'Etiopia 1935-1936 e della Guerra Civile Spagnola 1937-1939.

Territorio nazionale 1936-1940 - sostanziale prevalenza di grigio verde.

Occupazione dell'Albania e fronte francese 1939-1940 - grigio verde.

Campagna di Grecia e Jugoslavia 1940-1941 - grigio verde eventualmente mimetizzato con macchioline verdi e color sabbia.

Africa Orientale 1940-1941 - grigio verde o nella vecchia mimetica della campagna d'Etiopia bruno rossiccio a macchie verdi.

Africa Settentrionale 1940-1943 - all'inizio solo grigio verde, colore con il quale venivano generalmente sbarcati ai porti di destinazione, poi colore sabbia nelle diverse versioni variegate. Non utilizzati nella Campagna di Russia 1941-1943.

RSI 1943-1945 grigio verde, color giallo sabbia scuro, color bruno rossiccio con macchiettature verde medio fitte, in colore uniforme panzer grey tedesco. In particolare erano color sabbia scuro i carri del "Leonessa" e del "San Giusto". Segnalo anche la presenza di mimetiche elaborate a scacchiere irregolari di fondo giallo sabbia e spezzoni verdi e marroni.

◼ DISTINTIVI CARRI SEMOVENTI

Per riconoscere i singoli mezzi corazzati nelle operazioni militari, anche per l'Italia, si rese necessario introdurre un sistema di identificazione, anche perché almeno all'inizio non vi erano carri con apparati radio installati. Le radio, infatti, iniziarono ad essere installate con una certa regolarità solamente a partire dal 1941. All'inizio, per comunicare, si usavano bandierine con drappo rosso o bianco. La prima tabella di contrassegni distintivi dei carri risale al 1925 ed era molto complessa e articolata, sino all'eccesso. I gruppi numerici furono introdotti solo nel 1927, dopo la costituzione del Reggimento Carri; nel 1928 vennero poi emanate nuove disposizioni.

In queste tabelle ufficiali non si menzionavano mai i contrassegni per i **semoventi.** Capitò così che molte unità ne seguirono le direttive, mentre altre fecero di testa loro. Comparvero così sugli scafi i simboli più disparati, dalla testuggine nera della Divisione ariete, al centauro con arco a cavallo per l'omonima divisione. Si usarono figure geometriche (cerchi, triangoli o rombi) colorati e di dimensioni varie. Presto però si uniformò, almeno nell'"Ariete", l'uso dei triangoli (tipici dei soli semoventi).

Si trattava di triangoli con la punta rivolta verso il basso, e capovolto nel caso di carri comando. Di un solo colore o bicolori nelle scelte cromatiche già adottate nei carri armati: la prima batteria aveva il colore rosso, la 2ª l'azzurro, la 3ª il giallo, la 4ª il verde; il colore bianco era riservato ai carri comando. Le prime batterie avevano il triangolo di un solo colore. I triangoli delle varie batterie erano sormontati da un numero arabo (del colore della batteria) indicativo del semovente nella formazione organica del reparto. Alcuni semoventi adottarono dei guidoncini colorati sulle antenne radio, dello stesso colore per ogni gruppo: ad esempio il DLIV gruppo aveva guidoncini di stoffa rossi con un disegno geometrico centrale giallo diverso per ciascuno dei dodici semoventi del reparto. Tali simboli, per questo gruppo appartenente alla Divisione Littorio, venivano anche dipinti, sempre di rosso, sulla paratia posteriore della casamatta. I semoventi del CCXXX Gruppo d'assalto operante in Sicilia nel 1943, al posto del triangolo, usava come distintivo una sorta di guidoncino di colore nero sempre triangolare con l'effige di un teschio poggiato su ossa incrociate di colore bianco (vedi pag. 46).

Ogni mezzo, poi, poteva distinguersi anche per una precisa denominazione scritta in bianco su un rettangolo su sfondo rosso posto sulla fiancata dello scafo, che serviva anche come sigla di identificazione per le chiamate radio. La prima batteria del DLVII gruppo, ad esempio, scelse i nomi dei grandi condottieri italiani del Rinascimento: Fieramosca, Biancamano, Malatesta, Carmagnola, Montecuccoli, Colleoni e Fortebraccio mentre i semoventi della 2ª batteria utilizzarono nomi di armi antiche: Freccia, Fionda, Strale, Picca, Dardo e Alabarda.

Altri gruppi adottarono il nome di vecchi fucili e artiglierie come: Archibugio, Spingarda, Colubruna ecc. (vedi pagg. 31 e 43).

Diversi semoventi, in onore al fatto che appartenevano all'artiglieria, portarono dipinto l'emblema dell'artiglieria corazzata (cannoni incrociati sormontati da granata e fiamma orizzontale) sul lato anteriore destro della casamatta (di regola era presente sul lato sinistro). Col tempo, però, si videro sempre più spesso adottare, da parte dei semoventi, l'uso dei rettangoli colorati già in uso nei carri medi e leggeri. Le batterie semoventi erano rappresentate da dei rettangoli colorati nel modo già indicato per i triangoli. Come segno di identificazione aerea, sui mezzi venne a volte dipinta una croce bianca di Savoia, posta a seconda del tipo di mezzo sul cielo della torretta o del vano motore.

A partire dal 1941, al posto della croce si dipinse un disco bianco di circa 70 cm di diametro. Nonostante circolari e indicazioni come già detto, numerose furono le eccezioni e varianti al regolamento ufficiale.

I semoventi passati poi nelle mani della Repubblica Sociale Italiana mostravano dipinti i segni distintivi dei vari reparti: il "Leonessa" aveva un segno distintivo un poco più complicato formato dalla M rossa di Mussolini, tagliata da un fascio di colore nero e sotto la scritta sempre in nero "GNR".

. Il Gruppo Squadroni Corazzati "San Giusto" adottò un simbolo costituito da un tricolore semplice, sul quale fu aggiunta la sagoma di un carro armato nero a partire della primavera del 1944. Il tricolore fu sostituito successivamente (autunno 1944) con uno sventolante e la sagoma del carro con quella di un semovente. I semoventi catturati e poi riutilizzati dai tedeschi, (e oltre a questi anche quelli nuovi, ordinati dopo l'armistizio del 194) recavano le indicazioni tipiche dell'esercito tedesco a partire dalla *ritterkreuz* bianca e nera nelle sue diverse fogge. Lo stesso valeva per le mimetiche, con colori "tedeschi" per i mezzi entrati a far parte dell'esercito germanico.

SEMOVENTE 75/18 M14-41, SICILIA, ITALIA 1943

▲ Semovente 75/18 M.41 Carro "Colubrina" del DLVII Gruppo d'assalto in Sicilia, Italia Gennaio 1943. Come il carro del Gruppo "Piscitelli" anche questo aveva ricevuto una denominazione arcaica.

▲▼ Sopra semoventi in Tunisia nel 1943. Sotto un semovente 75/18 sempre in Africa.

SEMOVENTE 75/18   M14-41, ITALIA 1942

▲ Semovente 75/18 M.41 della Divisone Corazzata Littorio in Italia, 1942.

SEMOVENTE 75/18 M14-41, SARDEGNA, ITALIA 1943

▲ Semovente 75/18 M.41 appartenente al DLXI Gruppo Semoventi operante in Sardegna, Italia 1943.

PRODUZIONE ED ESPORTAZIONE

A partire dalla guerra furono costruiti circa 288 semoventi, di questi 60 M13/40, 162 carri M14/41 (fra semoventi e comando) e altri 66 M 15/42. Il numero dei mezzi complessivi nelle diverse varianti tuttavia non è certo, dato che i tedeschi ne produssero a loro volta, e le numerazioni, principalmente per il modello M41, sono assai diverse a secondo delle fonti. Essendo iniziata la produzione in tempo di guerra, non erano a disposizione mercati internazionali cui cedere i mezzi, come era per esempio accaduto ai carri leggeri. I carri, soprattutto per vicende belliche, finirono nelle mani delle diverse nazioni belligeranti e/o alleate ed ex alleate.

- Regio esercito: committente e maggiore utilizzatore della gran parte della produzione di mezzi corazzati medi.
- Australia: a seguito delle battaglie nel deserto del Nord Africa, le truppe australiane s'impossessarono di un certo numero di mezzi corazzati, soprattutto carri medi, ma probabilmente anche semoventi, mezzi che furono riabilitati dagli stessi australiani e ridipinti con colori e segni distintivi tipici (i famosi canguri bianchi).
- Gran Bretagna: come sopra, anche le truppe inglesi misero le mani su alcuni carri medi italiani.
- Repubblica Sociale Italiana: dopo il crollo dell'Italia seguito agli avvenimenti dell'8 settembre, si creò un nuovo stato nel Nord Italia controllato dai tedeschi. La RSI utilizzò tutti i mezzi militari del Regio Esercito già a sua disposizione.
- Esercito tedesco: alla stessa stregua, e in maniera massiccia e selettiva, anche l'esercito tedesco, dopo l'8 settembre confiscò e riadattò tutti i mezzi italiani a disposizione. In alcuni casi anche riattivando le catena di montaggio produttive (soprattutto nel caso dei mezzi M15 e semoventi derivati).

MAGGIORE UTILIZZATORE

I carri medi furono usati dagli eserciti indicati qui sopra, ma ovviamente il suo principale utilizzatore fu l'Italia e i suoi reparti corazzati: dal Regio Esercito soprattutto ma anche, dopo l'Armistizio, dall'Esercito Nazionale Repubblicano e dalla Guardia Nazionale Repubblicana, in seguito alla costituzione della Repubblica Sociale Italiana nel 1943. Qualche mezzo, infine, venne anche catturato nei teatri di guerra europei, in particolare in Dalmazia e Balcani, catturati e riutilizzati anche dai partigiani jugoslavi e ancora dalla resistenza greca. Alcuni di questi mezzi rimasero in servizio in Italia ancora per poco tempo durante gli anni dell'immediato dopoguerra.

▲ L'equipaggio di un semovente italiano osserva il fotografo che li riprende mentre passano sotto la piramide Cestia a Roma nei giorni di settembre quando reparti italiani cercarono di bloccare l'occupazione tedesca della Capitale.

▼ Un semovente messo fuori uso negli scontri di Roma del settembre 1943 (Wikipedia).

▲ Diversi particolari del semovente 75/18 M.42 conservato al parco della Rocca a Bergamo. Foto dell'autore.

▲ Retro del semovente 105/25 M43 (notare il soldato nascosto in una buca) (Wikipedia).

▼ Soldati inglesi intenti a esaminare una serie di mezzi corazzati tedeschi e italiani (i due semoventi sul fondo). Italia 2 giugno 1944. Wikipedia - Colorazione dell'autore.

SEMOVENTE 75/18   M.42 VERSIONE TEDESCA, ITALIA 1944

▲ Semovente 75/18 M.42 Panzerjager Abt. 278 Wermacht 278ª Divisione di fanteria, Ancona, Italia 1944.

	75/18 M13/40	75/18 M14/41	75/18/34 M15/42
Lunghezza	4915 mm	4915 mm	5060 mm
Larghezza	2200 mm	2200 mm	2280 mm
Altezza	1850 mm	1850 mm	2370 mm
Altezza minima fondo-scafo da terra	0,38 m	0,38 m	0,41 m
Peso in ordine di combattimento	13.100 kg	13.500 kg	15.000 kg
Equipaggio	4	4	4
Motore	M 13: Fiat-SPA 8T M.40 diesel a 8 cilindri a V, 11.140 cm³ M 14: Fiat SPA 15T M.41 diesel 8 cilindri a V, 11980 cm³ M 15: FIAT-SPA 15TB M.42 a 8 cilindri a V, alimentato a benzina		
Velocità massima	31,8 km/h su strada 13 km/h fuori strada	35 km/h su strada 13 km/h fuori strada	39 km/h su strada 14 km/h fuori strada
Autonomia	215 km su strada 5 h fuori strada	210 km su strada 5 h fuori strada	200 km su strada 5 h fuori strada
Capacità serbatoio	180 L	180 L	307 L
Spessore corazza	Da 6 a 50 mm	Da 6 a 50 mm	Da 6 a 55 mm
Armamento	1 obice da 75/18 Mod. 1934 con 44 colpi. Una mitragliatrice Breda Mod. 30 da 6,5 mm	1 obice da 75/18 Mod. 1934 con 44 colpi. Una mitragliatrice Breda Mod. 38 da 8 mm	1 obice da 75/18 e poi uno da 75/34. Una mitragliatrice Breda Mod. 38 da 8 mm

▼ Semovente 75718 M.41 nelle officine Fossati-Ansaldo. Archivio di Stato. (Colorazione autore).

SEMOVENTE 75/34 M15-42, ITALIA 1943

▲ Semovente 75-34 M.42 Italiano del Reggimento "Lancieri di Vittorio Emanuele II", operativo nella zona dei laghi laziali, Italia, estate 1943.

▲▼ Verso la fine della guerra qualche mezzo della RSI e anche tedesco finirono nelle mani delle forze partigiane che, nell'euforia data da una guerra terribile che si stava avvicinando alla fine, dipinsero coi loro motti e insegne, come nel caso di questi semoventi e carri leggeri in "parata" a Torino. (Foto: archivio Paolo Crippa).

SEMOVENTE 75/34 M15-42, RSI 1944-1945

▲ Semovente 75-34 M.42 del Gruppo Corazzato "S.Giusto", R.S.I, Italia 1944-1945.

SEMOVENTE 75/34   M15-42 VERSIONE TEDESCA, BALCANI 1944

▲ Semovente 75-34 M.42 in forza all'esercito tedesco nei Balcani, 1944 .

SEMOVENTE 75/34   M15-42 VERSIONE TEDESCA, ITALIA 1944

▲ Semovente 75-34 M.42 in forza all'esercito tedesco sulla linea gotica della 171ª Panzer Divison, Italia, maggio 1944 .

BIBLIOGRAFIA

- *Semovente da 75/18 : tecnica e storia del primo semovente italiano.* Pignato, Nicola (2010). Parma: Albertelli.
- *Semoventi M41 & M42.* Daniele Guglielmi. Armor Photogallery - Broncos (in inglese)
- *Veicoli da Combattimento dell'Esercito Italiano dal 1939 al 1945.* Falessi, Cesare; Pafi, Benedetto (1976). Intyrama books.
- *Tank Power vol. CLXXXIII 443. Semovente da 75/32-34-46, 90/53, 105/25* - Janusz Ledwoch Polonia Widawnictwo militaria.
- *Semovente da 75/18. Tank Power vol. CXII 365* - Janusz Ledwoch. Polonia Widawnictwo militaria.
- *Mussolini Tanks - Tank Powwer vol. XXIX.* Polonia Widawnictwo militaria.
- *Italian Medium tank M13/40, M14/41 & M15/42* - Luca Stefano Cristni colla TEW Soldiershop. Italia 2022.
- *Semoventi da 47/32, 90/53 e 75/18 in Sicilia. Ediz. illustrata* - Lorenzo Bovi, Antonio e Andrea Talillo. Ardite edizioni 2021. Italia
- *Italian Armored Vehicles of World War Two.* Pignato, Nicola (2004).Squadron/Signal publications.
- *Storia dei mezzi corazzati.* Pignato, Nicola. Vol. II. Fratelli Fabbri Editori.
- *I reparti corazzati italiani nei Balcani,* Paolo Crippa e Carlo Cucut. Soldiershop 2019.
- *I reparti corazzati del R.E. E l'armistizio 1° Volume,* Paolo Crippa. Soldiershop 2021.
- *I reparti corazzati del R.E. E l'armistizio 2° Volume,* Paolo Crippa. Soldiershop 2021.
- *Il gruppo corazzato del Leoncello,* Paolo Crippa. Soldiershop 2021.
- *I mezzi blindo-corazzati italiani 1923-1943,* Nicola Pignato, Storia Militare, 2005.
- *Gli autoveicoli da combattimento dell'Esercito Italiano, Volume secondo (1940-1945),* Stato Maggiore dell'Esercito, Ufficio Storico, Nicola Pignato e Filippo Cappellano, 2002.
- *Corazzati Italiani 1939-1945,* Nico Sgarlato, War Set n°10, 2006.
- *Mezzi dell'Esercito Italiano 1935-45,* Ugo Barlozzetti & Alberto Pirella, Editoriale Olimpia, 1986.
- *Corazzati e blindati italiani dalle origini allo scoppio della seconda guerra mondiale,* David Vannucci, Editrice Innocenti, 2003.
- *"L'Ariete a Bir-El Gobi". Storia Militare (in Italian).* Maraziti, Antonio (Gennaio 2005). Albertelli edizioni.
- *Il gruppo corazzato "San Giusto" dal Regio Esercito alla RSI 1934-1945,* Stefano Di Giusto, Laran Éditions, 2008.
- *I reparti corazzati della Repubblica Sociale Italiana 1943/1945,* Paolo Crippa, Marvia Edizioni, 2006.
- *Storia dell'Ansaldo 6. Dall'IRI alla guerra 1930-1945,* Gabriele De Rosa, Gius. Laterza & Figli, 1999.
- *Military vehicle prints series nr. 37.* Nicola Pignato, Bellona Polonia.

TITOLI PUBBLICATI O IN LAVORAZIONE

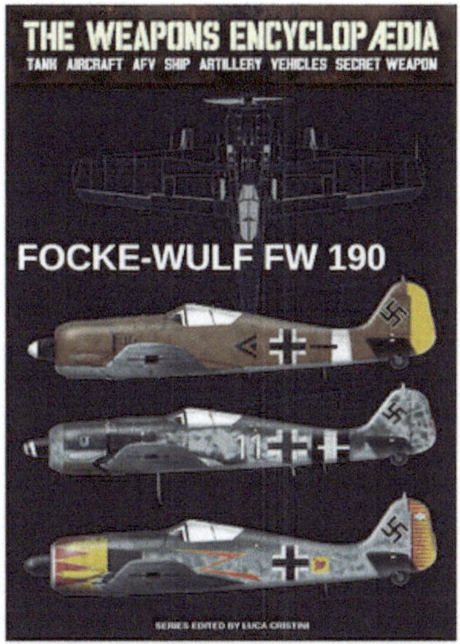

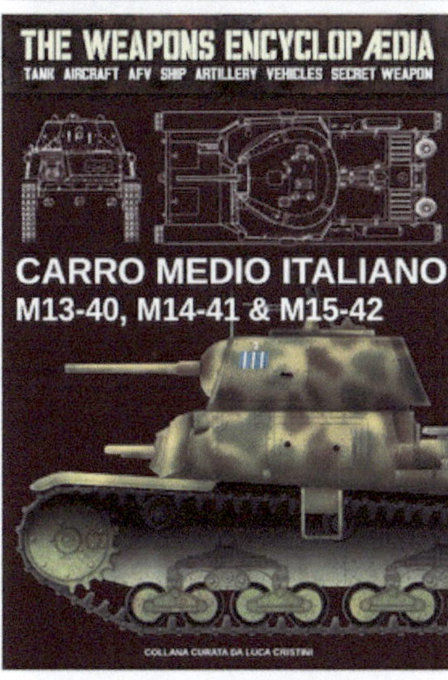

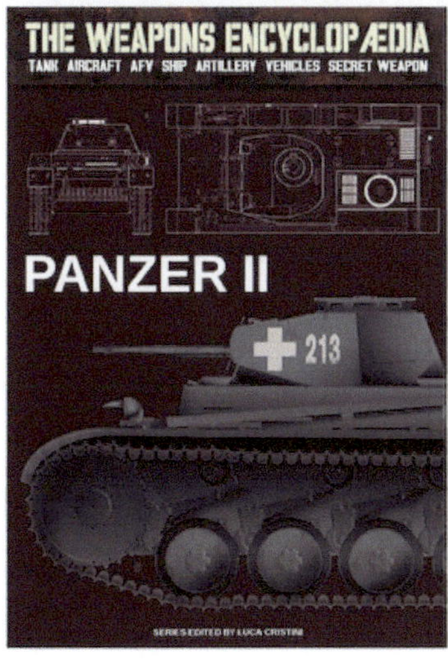

TWE-003 IT

www.ingramcontent.com/pod-product-compliance
Lightning Source LLC
Chambersburg PA
CBHW041603110726
48005CB00002B/267